Wir sind in Deutschland!

KT-914-033

A Survival Guide to Everyday Situations

Gisela Cumming
Hazlehead Academy, Aberdeen

Edward Arnold

To the Teacher

The aim of this book is to present simple idiomatic German as spoken in everyday situations in which people visiting Germany might find themselves.

'Survival' situations are a part of the CSE examinations and the book has been designed with those pupils in mind. But the book is also suitable for pupils aiming at O Level or the Scottish Alternative O Grade examination or for adults in Further Education classes. The conversations will help them to develop the skill of speaking and to communicate more freely and fluently in clearly defined situations.

No attempt has been made to teach grammar as such and no English explanations are given. It is assumed that pupils have already met and learned the structures that occur in this book and that the language patterns here are merely revision, though in a different and active form.

Each situation is divided into four sections:

A Conversation

The conversation presents a real-life practical situation of the sort a visitor to Germany, or a German speaking country, might expect to encounter. The teacher may wish to introduce the conversation and explain new items of vocabulary.

B A 'Search' for certain phrases and expressions

Having previously studied the conversation, pupils are now required to pick out from the text a number of items, i.e. to find the German equivalent for words given in English. This exercise is especially useful for weaker pupils, who will be able to cope with this and experience success.

C Language Patterns

The language patterns arise from the situation and are set out in box diagrams for easy assimilation. It will depend on the ability of the class how much help - if any - will be needed. The teacher may want to give some explanations where points of grammar are involved.

At this stage pupils may want to practise the text further by reading it in pairs or in smaller groups. They could act out the conversations, or parts of them, from memory.

D Suggestions for follow-up work

There are suggestions for adaptation of the conversations by altering details. Weaker pupils should be allowed to stick as closely to the original text as possible, while more able pupils may be encouraged to use material from previously learned situations. It should prove rewarding for pupils to realise that previously encountered patterns can be used in different situations.

G.C.

Contents

Acknowledgement

Following the success of the French book *Nous Sommes en France!* by P.G. Martin, this book adopts a similar approach and presentation for teaching German. I wish to express my appreciation to Mr Martin for giving permission to adapt his ideas for this survival guide.

1 Meeting a friend of the same age

Paul trifft seinen Freund Richard

A Dialogue

Paul:	Guten Tag, Richard.
Richard:	Guten Tag, Paul. Wie geht es dir?
Paul:	Danke gut. Und dir?
Richard:	Danke auch gut. Wohin gehst du jetzt?
Paul:	Ich gehe jetzt zu meiner Tante. Aber heute nachmittag will ich ins Kino gehen.
Richard:	Gehst du allein?
Paul:	Ja, willst du mitkommen?
Richard:	Gern. Wann beginnt der Film?
Paul:	Um vier Uhr.
Richard:	Wo wollen wir uns treffen?
Paul:	Treffen wir uns um zehn vor vier vor dem Kino.
Richard:	Gut. Bis später. Tschüs, Paul.
Paul:	Auf Wiedersehen, Richard.

B Pick out the German for the following:

1 How to ask how somebody is and how to reply.
2 How to say that you are going to see your aunt.
3 How to say that you want to go to the pictures.
4 How to ask if he wants to join you.
5 How to make arrangements to meet.

C Patterns

Wohin gehst du?

Ich gehe zu	meiner Tante
	meiner Kusine
	meiner Freudin
	meinem Onkel
	meinem Vetter
	meinem Freund

Ich gehe	ins Kino
	ins Theater
	in den Park
	in den Supermarkt
	in die Bank
	in die Bücherei

Wo wollen wir uns treffen?

vor	dem Kino
	dem Supermarkt
	der Bank

	im Theater
	im Park
	in der Bücherei

	am Rathaus
	am Eingang
	an der Haltestelle

Wann wollen wir uns treffen?

um	zehn Uhr
	Viertel nach zehn
	halb elf
	Viertel vor elf
	fünf vor elf

D Compose a conversation between Helmut and Thomas in which they make arrangements to meet outside the library at a quarter past three.

2 Meeting a friend you have not seen recently

Maria trifft eine Bekannte,* die sie lange nicht gesehen hat

A Dialogue

Maria: Guten Tag. Wir kennen uns doch! Sie heißen Hanna, Hanna Genscher, nicht wahr?

Hanna: Ja, und Sie sind Maria Becker. Habe ich recht?

Maria: Ja. Wie nett, Sie mal wiederzusehen. Wie geht es Ihnen?

Hanna: Danke, es geht mir gut. Und Ihnen?

Maria: Auch gut. Ich komme gerade aus dem Urlaub. Ich war mit meiner Mutter in Österreich.

Hanna: Wie geht es Ihrer Mutter?

Maria: Es geht ihr viel besser. Sie hat sich gut erholt. Wo wohnen Sie jetzt, Hanna?

Hanna: Gar nicht weit von hier, in der Beethovenstraße. Haben Sie Lust, heute zu mir zu kommen?

Maria: Es tut mir leid, aber ich muß in die Stadt fahren.

Hanna: Wie schade! Könnten Sie wohl. . .am Mittowch kommen?

Maria: Gern. Um wieviel Uhr paßt es Ihnen?

Hanna: Kommen Sie um vier Uhr, zum Kaffee.

Maria: Vielen Dank. Oh, da kommt mein Bus. Bis Mittwoch, also.

Hanna: Auf Wiedersehen, Maria.

*Maria knows Hanna fairly well, and calls her by her first name, but since she is an acquaintance and not a close personal friend, she addresses her with *Sie*.

B Pick out the German for the following:

1 How to say that you are pleased to see someone.
2 How to ask how someone is and how that person answers.
3 How to ask how someone else is.
4 How to ask where someone lives.
5 How to invite someone.
6 How to say you are sorry.
7 How to say what you have got to do.

C Patterns

Wie geht es Ihnen?	Danke, es geht mir gut

Wie geht es	Ihrem Vater?	Es geht	ihm sehr gut
	Ihrer Mutter?		ihr jetzt besser
	Ihren Eltern?		ihnen nicht sehr gut

Haben Sie Lust,	zu mir zu kommen?
	zum Essen zu kommen?
	mich zu besuchen?

Es tut mir leid, ich muß	in die Stadt fahren
	zum Arzt gehen
	das Auto waschen

Könnten Sie	um 8 Uhr	kommen?	Ja, gern
	am Mittwoch		Ja, das paßt mir gut
	nächste Woche		Mit Vergnügen

D Compose a conversation between Gerhard and someone he has not seen for a long time. You will ask how his family is and you will make arrangements to meet him on the following Friday in the café *Am Markt*.

7

3   How to ask the way

Frau Lohrens möchte zum Park

A Dialogue

Frau Lohrens:	Entschuldigen Sie bitte. Ich bin fremd hier. Wie komme ich am besten zum Park?
Fremder·	Zum Park? Wollen Sie zu Fuß gehen oder mit dem Bus fahren?
Frau Lohrens:	Ist es weit von hier?
Fremder:	Nein, ungefähr 15 Minuten. Gehen Sie hier geradeaus und dann die erste Straße links. Gehen Sie diese Straße entlang bis Sie zum Kino kommen.
Frau Lohrens:	Ja, also geradeaus und dann links bis zum Kino.
Fremder:	Am Kino müssen Sie rechts abbiegen. Das ist die Humperdinckstraße. Gehen Sie diese Straße weiter bis zur Marienkirche. Dort müssen Sie wieder rechts abbiegen, und dann sehen Sie schon den Park.
Frau Lohrens:	Oh, das ist aber kompliziert. Ich möchte doch lieber mit dem Bus fahren.
Fremder:	Fahren Sie mit dem Bus Nummer zehn. Der hält direkt am Park. Die Haltestelle ist dort drüben. Sehen Sie, da kommt der Bus schon. Beeilen Sie sich.
Frau Lohrens:	Vielen Dank. Auf Wiedersehen.

B Pick out the German for the following:

1 Excuse me
2 How do I get to. . .?
3 Is it far?
4 Go straight on here
5 You must turn right at the cinema
6 then you'll see the park
7 but that is complicated
8 I would prefer to take the bus
9 Take bus number ten
10 The bus stop is over there
11 Look!
12 The bus is coming
13 Hurry up!
14 Goodbye

C Patterns

Wie komme ich	zum Park? zum Bahnhof? zum Schwimmbad? zur Post? zur Marktstraße? zur Marienkirche?

Gehen Sie	immer geradeaus hier links die erste Straße links die zweite Straße rechts

Gehen Sie geradeaus bis	zum Bahnhof zum Marktplatz zum Kino zum Theater zur Marienkirche zur Kreuzung zur Verkehrsampel

Am Bahnhof Am Marktplatz Am Kino Am Theater An der Marienkirche An der Kreuzung An der Verkehrsampel	müssen Sie	links abbiegen rechts abbiegen

Fahren Sie	mit dem Bus mit der Straßenbahn mit der U-Bahn	Nummer zehn Linie eins Richtung Hafen

4   Shopping in a Supermarket

Helga kauft mit ihrer Mutter im Supermarkt ein

A Dialogues

Mutter: Nimm bitte einen Korb, Helga!

Helga: Ach, ich nehme lieber einen Wagen. Du kaufst bestimmt viel ein.

Mutter: Also gut. Wir brauchen Milch, Butter und Käse.

Helga: Wieviel Milch möchtest du haben, Mutti?

Mutter: Einen Liter, bitte. . . .Oh, die Butter ist aber teuer! Da nehme ich lieber Margarine. 'Flora-Soft' schmeckt auch gut.

Helga: Was für Käse soll ich nehmen?

Mutter: Dein Vater ißt gern Gouda. Nimm ein großes Stück, ungefähr 300 Gramm.

Helga: Brauchen wir auch Wurst?

Mutter: Ja, wir haben nicht mehr viel da. Was ißt du lieber, Leberwurst oder Salami?

Helga: Leberwurst. Soll ich auch 300 Gramm kaufen?

Mutter: Nein, das ist zu viel. Nimm lieber nur 100 Gramm. . . .Jetzt müssen wir noch Obst und Gemüse kaufen.

Helga: Die Weintrauben sehen gut aus.

Mutter: Was kosten sie?

Helga: 98 Pfennig das Pfund.

Mutter: Das ist nicht teuer. Was kosten die Äpfel?

Helga: Ein Kilo Äpfel kostet DM 1,79.

Mutter:	Gut, dann kaufe doch bitte ein Pfund Weintrauben und ein Kilo Äpfel.
Helga:	Brauchen wir sonst noch etwas?
Mutter:	Ja, Tomaten. Nimm ein Pfund von den kleinen Tomaten, die sind billiger. Der Blumenkohl kostet nur DM 1,10. Such dir einen schönen großen aus.
Helga:	Sind wir jetzt fertig?
Mutter:	Was möchtest du zum Mittag essen?
Helga:	Fisch. Aber hier gibt es nur Fischstäbchen, die schmecken nicht so gut.
Mutter:	Dann gehen wir ins Fischgeschäft und kaufen den Fisch dort.
Helga:	Brauchen wir auch noch Brot?
Mutter:	Ja, das kaufen wir beim Bäcker 'Hörner', der backt sein Brot selbst.
Helga:	An der Kasse stehen viele Leute.
Mutter:	Nimm den Wagen und stelle dich schon an. Ich hole nur noch eine Dose Ölsardinen.

An der Kasse

Kassiererin:	Das macht DM 11,78 bitte.
Mutter:	Hier sind 20 Mark.
Kassiererin:	Haben Sie wohl 78 Pfennig? Ich habe gar kein Kleingeld.
Mutter:	Ja, Sie haben Glück.
Kassiererin:	Danke, und 9 Mark zurück.
Mutter:	Könnte ich wohl einen Karton für die Sachen haben?
Kassiererin:	Natürlich, da drüben steht einer.

Hier ist der Kassenzettel

Ein Liter Milch	DM —,82
500 Gramm Margarine	DM 1,49
300 Gramm Käse	DM 2,10
100 Gramm Leberwurst	DM 1,15
ein Pfund Weintrauben	DM —,98
ein Kilo Äpfel	DM 1,79
ein Pfund Tomaten	DM —,75
ein Blumenkohl	DM 1,10
eine Dose Ölsardinen	DM 1,60
Macht zusammen	DM 11,78

B Pick out the German for the following:

1 I'd rather take a trolly
2 We need milk
3 how much milk?
4 what kind of cheese?
5 Take a big piece
6 That is too much
7 That is not expensive
8 How much are the apples?
9 Do we need anything else?
10 They are cheaper

11 Look for a nice big one
12 What would you like for lunch?
13 They only have fish-fingers here
14 many people

15 start queuing
16 a tin of sardines
17 that comes to...
18 I haven't any small change

C Patterns

Wieviel	Milch Butter Käse Äpfel	möchtest du möchten Sie	haben?

Ich möchte	einen Liter Milch ein halbes Pfund Butter 200 Gramm Käse ein Kilo Äpfel

Was für	Käse Wurst Fleisch Obst	soll ich	kaufen, nehmen,	Gouda oder Camembert? Salami oder Leberwurst? Rindfleisch oder Schweinefleisch? Äpfel oder Apfelsinen?

Kauf Nimm Kaufen Sie Nehmen Sie	lieber	Gouda Salami Rindfleisch Apfelsinen

Was	kostet kosten	die Leberwurst? die Milch? die Tomaten? die Äpfel?

100 Gramm Leberwurst Ein Liter Milch Ein Pfund Tomaten Ein Kilo Äpfel	kostet	DM 1,15 DM—,82 DM—,75 DM 1,79

1	Beim Bäcker In der Bäckerei	kann man	Brot und Brötchen Kuchen	kaufen

2	Beim Metzger In der Metzgerei	kann man	Rindfleisch und Schweinefleisch Roastbeef und Schnitzel Bratwurst und Würstchen	kaufen

3	Im Supermarkt	kann man	Zucker und Salz Essig und Öl Kaffee und Tee Bier und Limonade	kaufen

4	Auf dem Markt	kann man	Erbsen und Bohnen Kohl und Karotten Pfirsiche und Pflaumen Aprikosen und Kirschen	kaufen

5	In der Drogerie kann man	Zahnpasta und Seife Papiertaschentücher	kaufen
6	In der Apotheke kann man	Aspirintabletten Hustensaft Hansaplast	kaufen

D Compose a conversation in a baker's shop.
Compose a conversation in two different shops.
A family goes into a supermarket and buys a variety of articles.
Compose a conversation to show what is bought.

5   At the Station

Auf dem Bahnhof

A Dialogues

Herr Wieland:	Entschuldigen Sie bitte, wo ist der Fahrkartenschalter?
Dame:	Der Fahrkartenschalter ist dort drüben. . . .Sie haben aber einen schweren Koffer, junger Mann. Nehmen Sie meinen Kofferkuli. Ich brauche ihn nicht mehr.
Herr Wieland:	Gern, vielen Dank.

Am Fahrkartenschalter

Herr Wieland:	Einmal zweiter Klasse nach Hamburg bitte, einfach.
Angestellter:	Nach Hamburg. . .das macht 46 Mark.
Herr Wieland:	Wann fährt der nächste Zug nach Hamburg?
Angestellter:	Um 12.40 Uhr.
Herr Wieland:	Oh, du meine Güte! Da muß ich ja zwei Stunden warten. Und mein Koffer ist so schwer. Wo sind hier Gepäckschließfächer?
Angestellter:	Hier links, gleich neben dem Fahrkartenschalter.
Herr Wieland:	Danke. Und wo ist der Wartesaal?
Angestellter:	Der ist hier rechts neben dem Zeitungskiosk.

Zwei Stunden später

Herr Wieland:	Entschuldigen Sie, von welchem Gleis fährt der Zug nach Hamburg ab?
Angestellter:	Von Gleis sieben.
Herr Wieland:	Muß ich in Hannover umsteigen?
Angestellter:	Nein, der Zug fährt direkt nach Hamburg.

Im Zug

Herr Wieland:	Entschuldigen Sie, ist der Fensterplatz noch frei?
Dame:	Nein, er ist besetzt. Meine Tochter kommt gleich wieder. Aber dieser Platz neben mir ist noch frei.
Herr Wieland:	Danke.
Schaffner:	Guten Tag, die Fahrkarten bitte. Ah, die beiden Damen wollen nach Hannover, und der Herr will nach Hamburg.
Herr Wieland:	Entschuldigen Sie, wann kommt der Zug in Hamburg an?
Schaffner:	Um 17.10 Uhr. Haben Sie eine Zuschlagkarte?
Herr Wieland:	Eine Zuschlagkarte? Ja, brauche ich denn eine?
Schaffner:	Aber natürlich, das ist doch ein Intercity-Zug. Da müssen Sie eine Zuschlagkarte haben. Drei Mark, bitte.

B Pick out the German for the following:

1 Excuse me
2 the ticket office
3 over there
4 the next train to Hamburg
5 dear me!
6 My case is so heavy
7 the waiting-room
8 next to the newspaper stall
9 two hours later
10 platform seven
11 Must I change in Hanover?
12 the window seat
13 a supplementary ticket
14 Do I need one?

C Patterns

Wo ist	der Fahrkartenschalter? der Wartesaal? Gleis sieben?	Dort drüben Hier links Immer geradeaus
Wo sind	die Gepäckschließfächer?	Neben dem Zeitungskiosk

Am Fahrkartenschalter

Einmal Zweimal Dreimal	zweiter Klasse erster Klasse	nach Hamburg bitte,	einfach hin und zurück

Wann fährt der nächste Zug	nach Hamburg? nach Köln? nach München?	Um neun Uhr zehn Um dreizehn Uhr zwanzig Um achtzehn Uhr siebzehn

Wann kommt der Zug	in Hamburg an? in Köln an? in München an?	Um zwölf Uhr siebenundfünfzig Um zweiundzwanzig Uhr drei Um dreiundzwanzig Uhr dreizehn

Von welchem Gleis fährt der Zug	nach Hamburg nach Köln nach München	ab?	Von Gleis sechs Von Gleis eins Von Gleis zwölf

Muß ich in Hannover umsteigen?

Ja, Sie müssen in Hannover umsteigen Nein, der Zug fährt direkt nach Hamburg

Ist dieser Platz noch frei?

Ja, er ist frei Nein, er ist besetzt

D Compose a conversation on a railway station between **Frau Dehmel** and various people. Frau Dehmel asks for the ticket office, buys a return ticket to Augsburg (she will have to change in Munich), then boards the train.

6 At a Hotel: A family arrives without having booked rooms

Im Hotel: Herr Kleist möchte zwei Zimmer

A Dialogue

Empfangsdame:	Guten Tag.
Herr Kleist:	Guten Tag. Haben Sie noch Zimmer frei?
Empfangsdame:	Möchten Sie ein Einzelzimmer?
Herr Kleist:	Ein Einzelzimmer für meine fünfzehnjährige Tochter und ein Doppelzimmer für meine Frau und mich.
Empfangsdame:	Wie lange wollen Sie bleiben?
Herr Kleist:	Nur eine Nacht. Wir wollen morgen früh gleich weiter, denn am Abend müssen wir in der Schweiz sein.
Empfangsdame:	Möchten Sie die Zimmer mit Bad oder mit Dusche?
Herr Kleist:	Mit Dusche bitte. Und die Zimmer müssen ruhig liegen. Ich kann bei Lärm nicht schlafen.
Empfangsdame:	Ich will mal nachsehen. Ja, die Zimmer 12 und 16 sind noch frei.
Herr Kleist:	Wo liegen die Zimmer?
Empfangsdame:	Beide Zimmer liegen im ersten Stock. Das Doppelzimmer liegt nach hinten und ist sehr ruhig. Sie hören überhaupt keinen Lärm von der Straße.
Herr Kleist:	Was kosten die Zimmer?

Empfangsdame:	Das Doppelzimmer kostet 65 Mark und das Einzelzimmer 40 Mark.
Herr Kleist:	Ist das mit Frühstück?
Empfangsdame:	Ja, das ist inklusive Frühstück, Mehrwertsteuer und Bedienung.
Herr Kleist:	Gut, die Zimmer nehme ich.
Empfangsdame:	Wie ist Ihr Name, bitte?
Herr Kleist:	Kleist.
Empfangsdame:	Und Ihr Vorname?
Herr Kleist:	Georg.
Empfangsdame:	Woher kommen Sie, Herr Kleist?
Herr Kleist:	Ich komme aus Düsseldorf.
Empfangsdame:	Und Ihre Adresse dort?
Herr Kleist:	Schloßallee 20.
Empfangsdame:	Schloßallee...Da ist doch das Schloßhotel, nicht wahr? Mein Verlobter arbeitet dort. Kennen Sie das Hotel?
Herr Kleist:	Aber natürlich. Da gehen wir abends gern hin und trinken ein Glas Bier.

B Pick out the German for the following:

1 a single room
2 a double room
3 How long do you want to stay?
4 only one night
5 tomorrow morning
6 with bath or with shower
7 I'll have a look
8 on the first floor
9 no noise from the street
10 that includes breakfast
11 VAT
12 service
13 I'll take the rooms
14 my fiancé

C Patterns

Ich möchte ein Zimmer für	mich
	meinen Sohn
	meine Tochter
	meine Frau und mich
	meinen Mann und mich

Was für ein Zimmer möchten Sie?

Ich möchte	ein Einzelzimmer	mit	Bad
Wir möchten	ein Doppelzimmer		Dusche
			fließendem Wasser
			Bad und WC

Wie lange wollen Sie bleiben?

Ich will Wir wollen	eine Nacht zwei Tage eine Woche bis zum Freitag	bleiben

Wo liegt das Zimmer?

Es liegt	im Erdgeschoß im ersten Stock im zweiten Stock nach hinten nach vorne

Wie ist Ihr Name?	Mein Name ist Bach.
Wie ist Ihr Vorname?	Mein Vorname ist Angelika.
Woher kommen Sie?	Ich komme aus Bonn.
Wie ist Ihre Adresse?	Meine Adresse ist Einsteinstraße 16.

D Compose a conversation at a hotel in which a man and his wife and two children arrive to book a stay of four days.

7

The Hotel is fully booked

Das Hotel ist ausgebucht

A Dialogue

Empfangsdame:	Guten Tag.
Frau Bosch:	Guten Tag. Mein Name ist Bosch. Ich möchte bitte ein Doppelzimmer.
Empfangsdame:	Es tut mir leid. Wir haben kein Zimmer mehr frei. Es ist alles ausgebucht.
Frau Bosch:	Aber ich habe ein Zimmer bestellt.
Empfangsdame:	Das ist natürlich etwas anderes. Einen Moment bitte. Bosch, Bosch. . .Es tut mir leid, da ist nichts reserviert.
Frau Bosch:	Das kann nicht stimmen. Mein Mann hat vor einer Woche bei Ihnen angerufen und ein Doppelzimmer mit Balkon und Blick auf die Berge bestellt. Ich mußte dann ein paar Tage nach Salzburg fahren, und wir wollen uns heute abend hier treffen. Ist mein Mann schon da?
Empfangsdame:	Aber ich sagte Ihnen doch, daß. . .
Frau Bosch:	Da ist er ja!
Herr Bosch:	Grüß Gott, Barbara. Wartest du schon lange? Wann bist du angekommen?
Frau Bosch:	Ich bin heute vormittag von Salzburg losgefahren

	und bin vor ungefähr einer Viertelstunde hier angekommen.
Herr Bosch:	Hast du die Rolle in dem Kriminalfilm bekommen?
Frau Bosch:	Ja, und am nächsten Dienstag will ich wieder nach Salzburg, um die Einzelheiten zu besprechen.
Herr Bosch:	Das ist ja großartig. Dann können wir ja erst ein paar Tage Ferien machen. Gefällt dir das Hotel?
Frau Bosch:	Ja, aber die Dame hat kein Zimmer mehr für uns.
Herr Bosch:	Was? Sie haben kein Zimmer für Barbara Berger?
Empfangsdame:	Barbara Berger? Sind Sie etwa der Filmstar Barbara Berger? Ja natürlich, für Sie ist das schönste und größte Doppelzimmer reserviert. Entschuldigen Sie, ich habe Sie nicht erkannt.

B Pick out the German for the following:

1 I am sorry	8 There he is!
2 But I have booked a room	9 Have you been waiting long?
3 That is a different matter	10 this morning
4 Wait a minute	11 a quarter of an hour ago
5 That cannot be right	12 to discuss the details
6 a week ago	13 Do you like the hotel?
7 tonight	14 I did not recognize you

C Patterns

Mein Mann hat Ich habe	ein Zimmer mit	Balkon Blick auf die Berge Fernsehen Telefon	bestellt

Wann	hat er haben Sie	angerufen?	Er hat Ich habe	vor einer Woche angerufen vor zwei Wochen am letzten Dienstag am letzten Freitag im Juni im August

Wann	bist du sind Sie	von Salzburg losgefahren?	Ich bin heute	morgen vormittag mittag nachmittag abend	losgefahren

Wann	bist du sind Sie	angekommen?	Ich bin vor	zehn Minuten einer Viertelstunde einer Stunde zwei Tagen	angekommen

21

Wann	willst du wollen Sie	nach Salzburg fahren?

Ich will	am nächsten Dienstag am nächsten Freitag in einer Woche in zwei Wochen im September	nach Salzburg fahren

D Compose a conversation at a hotel in which a group of four pop singers are going to stay for one week. The manager of the pop group booked the rooms by telephone the previous Friday not in his own name, but in the name of one of the singers.

8 In a Restaurant

Im Restaurant

A Dialogue

Herr und Frau Neumann gehen mit ihren Kindern Anton und Angelika in ein Restaurant.

Herr Neumann: Guten Tag. Wir möchten gern einen Tisch für vier, möglichst am Fenster.

Kellner: Am Fenster ist leider alles besetzt. Aber der Tisch dort in der Ecke ist noch frei. Wollen Sie sich dahin setzen?

Herr Neumann: Gern.

Kellner: Ich bringe Ihnen gleich die Speisekarte.

Sie studieren die Speisekarte

Anton: Vati, darf ich das Gedeck zwei nehmen, Tomatensuppe und Schweinebraten mit Blumenkohl?

Angelika: Und ich nehme das Gedeck drei, Gemüsesuppe und Wiener Schnitzel mit Pommes frites.

Herr Neumann: Seid nicht so ungeduldig, Kinder! Gerda, was möchtest du gern essen? Nimmst du auch ein Gedeck?

Frau Neumann: Ach nein, das ist zu viel für mich. Ich möchte nur

	eine Kleinigkeit. Ich nehme einen Salatteller mit Schinken.
Herr Neumann:	Möchtest du eine Vorspeise? Vielleicht eine Gulaschsuppe oder einen Krabbencocktail?
Frau Neumann:	Nein, danke.
Herr Neumann:	Hm, ich weiß gar nicht, was ich nehmen soll.
Frau Neumann:	Du ißt doch immer gern Fisch. Hier gibt es frische Forellen.
Herr Neumann:	Gute Idee!

Der Kellner kommt

Herr Neumann:	Herr Ober, wir möchten bitte bestellen!
Kellner:	Was möchten Sie essen?
Herr Neumann:	Einen Salatteller, eine Forelle, einmal das Gedeck zwei und einmal das Gedeck drei.
Kellner:	Was möchten Sie dazu trinken?
Anton:	Cola, bitte.
Angelika:	Ich trinke lieber eine Limonade.
Herr Neumann:	Wartet, Kinder. Eure Mutter hat noch nicht bestellt.
Frau Neumann:	Nein, danke. Ich möchte nichts trinken.
Herr Neumann:	Bringen Sie mir bitte ein kleines Bier und den Kindern eine Cola und eine Limonade.

Nach dem Essen

Kellner:	Was darf ich Ihnen als Nachspeise bringen? Vielleicht ein Eis oder Pfirsich Melba?
Anton:	O ja bitte, ein großes Eis.
Frau Neumann:	Nein, heute gibt es kein Eis für euch. Ihr habt nicht einmal euer Fleisch aufgegessen.
Angelika:	Wie schade!
Herr Neumann:	Ich möchte bitte zahlen!
Kellner:	Vier Essen, das macht DM 35,50; eine Cola DM 1,20, eine Limonade DM 1,20 und ein Bier 80 Pfennig. Das macht zusammen DM 38,70.
Herr Neumann:	Hier bitte.
Frau Neumann:	Willst du dem Kellner kein Trinkgeld geben?
Herr Neumann:	Ist das nötig? Auf der Speisekarte steht: *Alle Preise sind inklusive Mehrwertsteuer und Bedienung.*
Frau Neumann:	Ja, aber der junge Mann war sehr nett. Ich glaube, er ist Student, der sich in den Ferien Geld verdient. Er wird sich bestimmt über ein Trinkgeld freuen.

B Pick out the German for the following:

1 a table for four
2 at the window
3 there in the corner
4 the menu
5 roast pork
6 cauliflower
7 with chips
8 Don't be so impatient!

9 a set meal

10 a prawn cocktail

11 We would like to order

12 I prefer lemonade

13 What a pity!

14 a tip

C Patterns

Wir möchten einen Tisch für	zwei drei vier

Der Tisch	am Fenster an der Tür in der Ecke in der Mitte auf der Terrasse	ist	noch frei besetzt

Herr Ober! Fräulein!	Die Speisekarte bitte! Die Weinkarte bitte! Wir möchten bestellen! Ich möchte zahlen!

Was möchten Sie essen?

Ich möchte Wir möchten	einen Salatteller zwei Gulaschsuppen einmal Forelle zweimal das Gedeck eins dreimal das Gedeck zwei	bitte

Was möchten Sie trinken?

Ich möchte Wir möchten	eine Limonade zwei Bier drei Tassen Kaffee	bitte

Möchten Sie eine Vorspeise?

Ja	eine Gulaschsuppe vier Tomatensuppen einen Krabbencocktail dreimal Melone mit Schinken	bitte

Was darf ich Ihnen als Nachspeise bringen?

Bringen Sie	mir uns	bitte	zwei Eis einen Eisbecher einmal Pfirsich Melba zweimal Käse

D Manfred has taken his girl friend Annegret out for dinner. He suggests various dishes and finds something she likes. Compose a conversation between them and a conversation between Manfred and the waiter.

9 In a Travel Agency

Im Reisebüro

A Dialogue

Herr Simmel:	Guten Tag. Meine Frau und ich wollen im Sommer verreisen. Wir wissen aber nicht wohin.
Dame:	Wann haben Sie Urlaub?
Herr Simmel:	Im Juni, vom zehnten bis zum vierundzwanzigsten Juni.
Dame:	Da haben Sie eine große Auswahl. Um diese Zeit sind die Hotels noch nicht so voll. Wollen Sie in Deutschland Ferien machen oder lieber ins Ausland fahren?
Herr Simmel:	Wo in Deutschland könnten wir Ferien machen?
Dame:	Sie könnten zum Beispiel an die Ostsee oder an die Nordsee fahren.
Herr Simmel:	Im Juni ist es bestimmt zu kalt an der See.
Dame:	Dann fahren Sie doch nach Italien oder nach Spanien.
Herr Simmel:	Aber ich spreche kein Italienisch und auch kein Spanisch; und mit einer Reisegruppe möchte ich nicht fahren.
Dame:	Dann fahren Sie doch nach Österreich oder in die Schweiz; da spricht man Deutsch.
Herr Simmel:	Ach nein, die Schweiz ist viel zu teuer; und die Berge sind uns zu hoch. Meine Frau steigt nicht gern auf die Berge.
Dame:	Treiben Sie Sport? Spielen Sie Tennis oder Golf? Wollen Sie reiten oder segeln lernen?

Herr Simmel:	Nein danke, wir wollen weder reiten noch segeln, und Tennis spielen können wir zu Hause.
Dame:	Was für Hobbys haben Sie? Sehen Sie sich diese Broschüre an. Sie können einen Tanzkursus oder einen Kochkursus mitmachen, Sie können Englisch oder Französisch lernen, Sie können Gitarre spielen. . .
Herr Simmel:	Nein danke, wir möchten in den Ferien keinen Kursus besuchen. Wir wollen uns ausruhen. Wir wollen aus der Stadt heraus, weg von den vielen Autos, den Häusern, den Menschen. . .
Dame:	Machen Sie doch Ferien auf einem Bauernhof. Da ist es ruhig, da können Sie kleine Spaziergänge machen, und es ist nicht teuer.
Herr Simmel:	Ja, das ist einmal etwas anderes.
Dame:	Ich kann Ihnen einen netten Bauernhof in Bodenmais empfehlen. Im Juni ist da noch ein Doppelzimmer frei.
Herr Simmel:	Wo liegt Bodenmais?
Dame:	Bodenmais liegt im Bayerischen Wald, nicht weit von der tschechoslowakischen Grenze. Hier ist ein Prospekt. Wollen Sie mit Ihrer Frau darüber reden?
Herr Simmel:	Ja gern. Ich glaube, da wird es uns gefallen.

B Pick out the German for the following:

1 When is your holiday?
2 a wide choice
3 at that time
4 for example
5 I don't speak Italian
6 Switzerland is much too expensive
7 My wife does not like climbing mountains
8 neither. . .nor
9 What are your hobbies?
10 Look at this brochure
11 a cookery course
12 We want to have a rest
13 We want to get out of the town
14 holiday on a farm
15 recommend
16 not far from. . .
17 Do you want to discuss it with your wife?

C Patterns

Wann haben Sie Urlaub?

Ich habe Wir haben	im Juni Anfang Juli Mitte August Ende September vom dritten bis zum siebzehnten Oktober vom ersten bis zum achten Mai	Urlaub

Fahren Sie doch nach	Spanien	Aber ich spreche kein	Spanisch
	Frankreich		Französisch
	Italien		Italienisch
	Irland		Englisch

Fahren Sie doch	ins Ausland	Letztes Jahr war ich schon	im Ausland
	in die Schweiz		in der Schweiz
	an die See		an der See
	in die Berge		in den Bergen

Wo liegt Bonn? Frankfurt? . . .

Bonn	liegt	am Rhein
Frankfurt		am Main
Hamburg		an der Elbe
Freiburg		im Schwarzwald
Goslar		im Harz
Bodenmais		im Bayerischen Wald
Travemünde		an der Ostsee
Bremerhaven		an der Nordsee

Saarbrücken	liegt	nicht weit von der	französischen	Grenze
Aachen			belgischen	

D Compose a conversation in a Travel Agency between Frau Gerlach and the assistant in which Frau Gerlach asks for information about activity holidays in Britain.

Compose a conversation between Karin, her husband Reinhard and the travel agent. Reinhard likes the mountains and wants to go to Switzerland; Karin wants to go to Italy to learn Italian.

10 In a Tourist Information Office

Im Verkehrsbüro

A Dialogue

Roswitha:	Guten Tag.
Angestellter:	Guten Tag.
Roswitha:	Ich bin gerade mit dem Zug in Hamburg angekommen. Wie komme ich am besten zur Jugendherberge?
Angestellter:	Hamburg hat zwei Jugendherbergen. Die Jugendherberge *Auf dem Stintfang* ist nicht weit vom Stadtzentrum. Sie können mit der U-Bahn oder mit der S-Bahn dorthin fahren.
Roswitha:	Und wo ist die nächste U-Bahn Station?
Angestellter:	Hier am Hauptbahnhof, auf der anderen Seite der Straße.
Roswitha:	Ich möchte ein paar Tage in Hamburg bleiben. Was sollte ich mir da ansehen?
Angestellter:	In Hamburg gibt es viel zu sehen. Zuerst sollten Sie eine Hafenrundfahrt machen.
Roswitha:	Ja, das ist bestimmt interessant. Wie komme ich von der Jugendherberge zum Hafen?

Angestellter:	Das ist gar nicht weit. Sie brauchen nur die Straße entlang zu gehen, und in fünf Minuten sind Sie am Hafen.
Roswitha:	Ich möchte mir dann das Stadtzentrum ansehen. Ist das Rathaus interessant?
Angestellter:	Es ist im 19. Jahrhundert gebaut worden, und Sie können es auch innen besichtigen.
Roswitha:	Wann ist das Rathaus geöffnet?
Angestellter:	Montags bis freitags ist es von 10 bis 15 Uhr geöffnet und samstags und sonntags von 10 bis 13 Uhr.
Roswitha:	Was kann man bei schlechtem Wetter in Hamburg machen?
Angestellter:	Sie können in ein Museum oder eine Kunstgallerie gehen. In der Kunsthalle findet zur Zeit eine Ausstellung moderner Kunst statt, *Pop Art aus Amerika*
Roswitha:	Ja, dafür interessiere ich mich. Wie komme ich zur Kunsthalle?
Angestellter:	Sie können zu Fuß gehen. Gehen Sie hier am Bahnhof vorbei und dann die erste Straße rechts.
Roswitha:	Was kann ich am Abend machen?
Angestellter:	Sie können tanzen gehen oder das Theater oder die Oper besuchen.
Roswitha:	Wo ist das Theater?
Angestellter:	Das Schauspielhaus ist gleich gegenüber dem Verkehrsbüro, und die Staatsoper ist nicht weit vom Gänsemarkt.
Roswitha:	Wissen Sie, was es heute abend in der Oper gibt?
Angestellter:	Das kann ich Ihnen genau sagen. In der Staatsoper gibt es die West Side Story.
Roswitha:	Großartig! Da möchte ich gern hingehen. Wo kann ich eine Karte bekommen?
Angestellter:	Bei mir.
Roswitha:	Bei Ihnen?
Angestellter:	Ich habe zwei Karten für heute abend, aber mein Freund mußte plötzlich nach Berlin fahren. Darf ich Sie einladen?
Roswitha:	Hm...ja...das ist sehr nett. Aber geht denn das?
Angestellter:	Natürlich.
Roswitha:	Also gut. Vielen Dank. Wann und wo können wir uns treffen?
Angestellter:	Das Stück beginnt um 19 Uhr. Am besten Sie holen mich um 18.30 Uhr hier ab.
Roswitha:	Gut. Bis zum Abend, dann. Auf Wiedersehen.
Angestellter:	Auf Wiedersehen.

B Pick out the German for the following:

1 youth hostel
2 not far from the city centre
3 by underground
4 Where is the nearest underground station?
5 on the other side of the street

6 for a few days
7 It was built in the 19th
   century
8 When is the town hall open?
9 when the weather is bad
10 an exhibition of modern art
11 I am interested in that
12 How do I get to the art
   gallery?

13 What can I do in the evening?
14 opposite the information office
15 Where can I get a ticket?
16 May I invite you?
17 that is very kind
18 When and where can we meet?
19 The play begins at 7 o'clock

C Patterns

Wie komme ich am besten	zur Jugendherberge zur Kunsthalle? zur Oper? zum Hafen? zum Stadtzentrum? zum Rathaus?

Sie können mit	der U-Bahn der S-Bahn der Straßenbahn dem Bus dem Auto	fahren

Sie können	zu Fuß gehen

Wo ist die nächste	U-Bahn Station? S-Bahn Station? Bushaltestelle? Straßenbahnhaltestelle?

Hier	am Bahnhof am Rathaus an der Kirche an der Tankstelle

Was	sollte ich mir sollten wir uns	in Hamburg ansehen?

Sie sollten sich	den Hafen den Park das Rathaus die Kirche	ansehen

Was kann ich können wir	bei schönem Wetter bei schlechtem Wetter am Abend	machen?

Sie können	in den Zoo ins Museum in die Diskothek	gehen

Wann ist	der Zoo die Kunstgallerie das Schwimmbad	geöffnet?

Montags von 10 - 19 Uhr Samstags von 9 - 13 Uhr jeden Tag von 7 - 21 Uhr

**D Compose a conversation which takes place in a Tourist Information
Office. Alfred is interested in ships and wants to see the harbour and the
maritime museum. Petra wants to see the town and perhaps go to the zoo.**

11 Camping Holidays (1)

Die Familie Dahme fährt Zelten

A Dialogues

Um sechs Uhr morgens

Mutter: Wo ist Vati, Ralf?
Ralf: Er ist noch im Badezimmer und wäscht sich.
Mutter: Und wir wollten doch früh losfahren. Komm, Ralf, wir fangen schon an, das Auto zu packen.
Ralf: Wo sind die Schlafsäcke und die Luftmatratzen?
Mutter: Die Schlafsäcke sind noch im Schrank, ich hole sie gleich; und die Luftmatratzen sind im Keller.
Ralf: Wo ist der Campingkocher?
Mutter: Der steht hier auf dem Küchentisch; und vergiß das Campinggas nicht. Es steht unter dem Tisch.

(Eine Viertelstunde später)

Ralf: Ich habe alle Sachen in die Garage gestellt, aber ich weiß nicht, wie ich sie ins Auto packen soll.
Mutter: Pack das Zelt in den Kofferraum und den Tisch und die Stühle nach oben auf den Gepäckträger.
Ralf: Wo soll ich deinen Koffer hinstellen, Mutti?
Mutter: Nach hinten auf den Rücksitz, und dann stelle den großen Karton mit dem Proviant daneben.

Vater:	Guten Morgen, Hildegard; guten Morgen, Ralf. Ihr habt alle Sachen schon ins Auto gepackt, das ist ja großartig! Aber wo soll denn mein Koffer hin?
Mutter:	Für einen so großen Koffer haben wir keinen Platz mehr im Auto. Den mußt du zu Hause lassen.

Am späten Nachmittag

Vater:	So, jetzt sind wir in Bayrischzell. Aber wo ist der Campingplatz?
Mutter:	Da vorne ist ein Schild. Der Campingplatz liegt drei Kilometer von hier.
Vater:	Das ist ja nicht mehr weit.
Ralf:	Wir müssen hier rechts hoch fahren. Da oben stehen Zelte. Da muß der Campingplatz sein.
Vater:	Ah, was für ein Blick! Der Platz liegt mitten in den Bergen. Gefällt es dir hier auch, Hildegard?
Mutter:	Ja, du hast einen schönen Platz ausgesucht.
Vater:	Da vorne ist das Büro. Wollen wir uns anmelden?

B Pick out the German for the following:

1 He is still in the bathroom
2 We wanted to leave early
3 Where are the sleeping-bags?
4 I am going to fetch them
5 The air-beds are in the cellar
6 on the kitchen table
7 Don't forget the *Camping Gaz*
8 Put the tent into the boot
9 roof rack
10 on the back seat
11 the big box with the food
12 That is great!
13 You must leave it at home
14 Where is the camp-site?
15 There is a sign ahead of us
16 That is not far
17 What a view!
18 in the middle of the mountains
19 Do you like it here?
20 You have chosen a beautiful site

C Patterns

Wo ist der Campingkocher?

Er ist	im Schrank
	im Keller
	im Auto

Wo ist die Luftmatratze?

Sie ist	auf dem Tisch
	unter dem Stuhl
	neben dem Karton

Wo ist das Zelt?

Es ist	in der Küche
	in der Garage
	neben der Tür

Wo sind die Schlafsäcke?

Sie sind	auf der Couch
	neben der Lampe
	auf dem Bett

Wohin soll ich den Campingkocher stellen?

Stell ihn	auf den Gepäckträger in den Kofferraum auf den Rücksitz

Wohin soll ich die Luftmatratze legen?

Leg sie	in die Tasche neben die Tür in die Garage

Wohin soll ich das Zelt packen?

Pack es	ins Auto neben das Reserverad unter das Fenster

D Compose a conversation between Jochen, Angelika and their father.
The family wants to go on a camping holiday and are packing their car.

12 Camping Holidays (2)

Auf dem Campingplatz

A Dialogues

Vater:	Guten Tag. Haben Sie noch einen Platz frei?
Platzwart:	Ja. Haben Sie ein Zelt oder einen Wohnwagen?
Vater:	Ein Zelt.
Platzwart:	Wie Lange wollen Sie bleiben?
Vater:	Wir wissen es noch nicht genau. Vielleicht drei Tage oder eine Woche.
Platzwart:	Wollen Sie sich gleich anmelden?
Vater:	Ja, hier ist mein Campingausweis.
Platzwart:	Ihr Name ist...
Vater:	Dahme, Wolfgang Dahme.
Platzwart:	Und Sie kommen aus...
Vater:	aus Köln, Marienstraße 12.
Platzwart:	Was für ein Auto haben Sie?
Vater:	Einen Volkswagen, einen blauen Golf.
Platzwart:	Und welche Kennnummer hat Ihr Auto?
Vater:	K - DL - 881.
Platzwart:	Wie viele Personen sind Sie?
Vater:	Drei, meine Frau, mein Sohn und ich.
Platzwart:	Pro Person kostet es zwei Mark, das Auto kostet drei Mark und das Zelt kostet auch drei Mark, das macht zusammen zwölf Mark. Wollen Sie gleich für drei Nächte bezahlen?
Vater:	Ja, das wäre mir recht. Hier bitte...Wo können wir unser Zelt aufbauen?

Platzwart:	Fahren Sie mit dem Auto hier rechts hoch. Dort unter den Bäumen sind noch mehrere Plätze frei.
Mutter:	Entschuldigen Sie, wo sind die Toiletten?
Platzwart:	Sehen Sie das weiße Haus ungefähr hundert Meter rechts von hier? Dort sind die Toiletten und die Waschräume.
Ralf:	Und wo kann ich mich duschen?
Platzwart:	Die Duschen sind links neben den Waschräumen.
Vater:	Und wo können wir Wasser holen?
Platzwart:	Hinter dem Haus ist ein Wasserhahn.
Mutter:	Gibt es hier in der Nähe einen Supermarkt?
Platzwart:	Ja, in Bayrischzell auf der Hauptstraße ist ein Supermarkt. Sie können aber morgens Ihre Brötchen hier auf dem Campingplatz kaufen. Der Bäcker kommt um 8 Uhr.
Mutter:	Wo ist denn das Geschäft?
Platzwart:	Hier gleich links neben dem Büro. Auf der anderen Seite der Straße ist ein Gasthaus. Dort können Sie gut essen.
Ralf:	Gibt es da auch Limonade? Ich habe großen Durst.
Vater:	Später vielleicht, wir wollen doch zuerst das Zelt aufbauen. Komm, Ralf, hilf mir dabei.
Mutter:	Das könnt ihr beiden doch allein machen, nicht wahr? Ich will nämlich noch ins Geschäft gehen und etwas zum Abendessen kaufen.
Vater:	Ja, geh nur einkaufen. Wenn du wiederkommst, steht das Zelt.

Zehn Minuten später

Ralf:	Hörst du, wie es donnert, Vati? Es gibt bestimmt ein Gewitter.
Vater:	So ein Pech! Es fängt schon an zu regnen. Wo ist denn mein Regenmantel, Ralf?
Ralf:	Hier in dem Karton. Mutti sitzt jetzt bestimmt im Gasthaus und trinkt Kaffee, und wir werden naß.

B Pick out the German for the following:

1 we do not know exactly
2 Do you want to check in now?
3 camping carnet
4 What is your car registration number?
5 Do you want to pay immediately for three nights?
6 Where can we pitch our tent?
7 under the trees
8 The showers are to the left of the washrooms
9 Is there a supermarket nearby?
10 in the main street
11 The baker comes at 8 o'clock
12 next to the office
13 something for the evening meal
14 Do the shopping!
15 when you come back
16 there will be a thunderstorm
17 Where is my raincoat?
18 in the box

C Patterns

Wo ist	der Supermarkt? die Diskothek? das Gasthaus?	Auf der Hauptstraße Neben dem weißen Haus Auf der anderen Seite der Straße

Wo sind	die Toiletten? die Duschen?	Hundert Meter rechts von hier Links neben den Waschräumen

Wo kann ich Wo können wir	das Zelt aufbauen? Brötchen kaufen? Limonade trinken? Wasser holen? gut essen? tanzen?	Dort	unter den Bäumen im Geschäft im Gasthaus hinter dem Haus im Restaurant in der Diskothek

Was wollen Sie machen?

Ich will Wir wollen	einkaufen gehen Wasser holen duschen eine Woche hier bleiben ins Gasthaus gehen uns anmelden

Gibt es hier in der Nähe	einen Supermarkt? einen Campingplatz? eine Tankstelle? eine Auto-Reparaturwerkstatt? ein Café? ein Schwimmbad?

D Wolfram and Karin have just arrived at a camp-site. Compose a conversation between them and the warden.

13 At the Theatre

Im Theater

A Dialogues

Zu Hause

Gerhard: Morgen ist Samstag. Hast du Lust, ins Theater zu gehen?
Erika: Ja. Was gibt es denn?
Gerhard: Im Theater gibt es *Cabaret - Ein Musical aus dem Berlin der Zwanziger Jahre.*
Erika: Und was gibt es im Opernhaus?
Gerhard: Eine Oper von Mozart, *Don Giovanni.* Mein Freund Richard hat *Cabaret* gesehen, und es hat ihm sehr gut gefallen.
Erika: Ach, ich mag Musicals nicht besonders gern. Und wenn Richard es schön findet, dann gefällt es mir bestimmt nicht.
Gerhard: Möchtest du denn lieber *Don Giovanni* sehen?
Erika: Ja, ich gehe gern in die Oper.
Gerhard: Also gut. Ich rufe gleich an und bestelle Karten.

Gerhard telefoniert

Dame: Opernhaus Düsseldorf. Guten Abend.
Gerhard: Ich möchte bitte zwei Karten für *Don Giovanni.*
Dame: Für welchen Tag, bitte?
Gerhard: Für morgen abend.

Dame:	Für morgen haben wir nicht mehr viele Plätze frei. Wo möchten Sie denn sitzen?
Gerhard:	Im ersten Rang bitte.
Dame:	Es tut mir leid. Im ersten Rang ist alles ausverkauft, und im Parkett kosten die Karten DM 17.
Gerhard:	Hm. Haben Sie noch Plätze im zweiten Rang?
Dame:	Ja, zu DM 11,50 und zu DM 8,50.
Gerhard:	Dann geben Sie mir doch bitte zwei Karten zu DM 11,50.
Dame:	Wie ist Ihr Name bitte?
Gerhard:	Gruber, Gerhard Gruber.
Dame:	Holen Sie die Karten bitte eine halbe Stunde vor Beginn der Vorstellung ab.
Gerhard:	Wann beginnt die Oper?
Dame:	Um halb acht. Auf Wiederhören.
Gerhard:	Auf Wiederhören.

Im Theater

Gerhard:	Ich möchte die Karten für Gruber abholen.
Dame:	Gruber, Gruber. . .ja, hier sind sie. Zweimal zweiter Rang, das macht DM 23 bitte.
Gerhard:	Hier bitte.
Dame:	Sie haben Glück, daß die Karten noch da sind.
Gerhard:	Glück? Warum?
Dame:	Na, in zwei Minuten beginnt die Oper.
Gerhard:	In zwei Minuten? Aber es ist doch erst halb acht?
Dame:	Ja, und um halb acht fangen wir an.
Gerhard:	Um halb acht? Ich dachte um acht Uhr. Wie dumm von mir! Komm, Erika, wir müssen uns beeilen.

* * *

Platzanweiserin:	Ihre Karten bitte! Reihe A, Plätze sieben und acht. Es tut mir leid, Sie können jetzt nicht auf Ihre Plätze gehen.
Erika:	Warum denn nicht?
Platzanweiserin:	Es hat schon angefangen. Sie müssen hier an der Tür stehen bleiben und bis zur Pause warten.
Erika:	Und wann ist die erste Pause?
Platzanweiserin:	In ungefähr einer halben Stunde.
Erika:	Gerhard, du bist wirklich ein Dummkopf!

B Pick out the German for the following:

1 Would you like to go to the theatre?
2 What is on?
3 He liked it very much
4 I am not particularly fond of musicals
5 . . .then I definitely wouldn't like it
6 would you rather see. . .
7 I'll phone right away
8 for which day?
9 for tomorrow night

10	Where would you like to sit?	15	When does the opera start?
11	in the dress circle	16	two tickets for the upper circle
12	sold out	17	You are lucky
13	in the upper circle	18	It is only half past seven
14	half an hour before the performance starts	19	how stupid of me!
		20	It has already started

C Patterns

Hast du Lust	ins Theater ins Kino in den Zoo in den Park in die Stadt in die Konditorei	zu gehen?

Ja, ich gehe gern	ins Theater ins Kino in den Zoo

Nein, heute habe ich keine Zeit

Was gibt es	im Theater? im Kino? im Fernsehen?

Im Theater	gibt es	eine Komödie ein Stück von Shakespeare

Im Kino	gibt es	einen Krimi einen französischen Film

Im Fernsehen	gibt es	Nachrichten Sport

Für welchen Tag möchten Sie Karten?

Ich möchte die Karten für	heute abend morgen Donnerstag den dritten Februar

Wo möchten Sie sitzen?

Ich möchte	vorne hinten in der Mitte in der dritten Reihe im Parkett im ersten Rang	sitzen

D Compose a conversation between Frau Dittrich and her son Horst about a visit to the theatre. They decide where they want to go and Frau Dittrich telephones the booking office. Horst picks up the tickets half an hour before the play starts and they go into the theatre and find their seats.

14 At the Cinema

Im Kino

A Dialogue

Mark: Na endlich, Christa. Du kommst aber spät. Wir wollten uns
           doch um halb sieben treffen. Und jetzt ist es beinahe sieben
           Uhr.
Christa: Entschuldige, Mark. Ich habe den Bus verpaßt und mußte
           zwanzig Minuten auf den nächsten warten.
Mark: Schon gut. Was wollen wir machen? Wollen wir zum
           Fußball oder wollen wir ins Kino gehen?
Christa: Du weißt doch, daß ich kein Fußball Fanatiker bin. Ich gehe
           lieber ins Kino.
Mark   Im 'Metropol' gibt es *Superman*, einen amerikanischen Film.
Christa: Oh ja, ich habe viel über den Film gehört. Er hat 35
           Millionen Dollar gekostet.
Mark: Und Jimmy Carter war bei der Premiere in Washington dabei.
           Weißt du, wann er beginnt?
Christa: Nein, aber es steht bestimmt in der Zeitung. Sieh doch mal
           nach!
Mark: Einen Augenblick. . .Hier ist das Kinoprogramm. Ja hier
           steht es. Der Film beginnt um Viertel nach sieben.
Christia: Und wie spät ist es jetzt?
Mark: Drei Minuten nach sieben. Weißt du, wo das 'Metropol' ist?
Christa: Auf der Berliner Allee, ungefähr zehn Minuten von hier.

| | Mark, ich habe nicht genug Geld fürs Kino. Könntest du mir wohl etwas Geld leihen? Ich gebe es dir am Montag zurück. |
| Mark: | Aber Christa, ich lade dich ins Kino ein. Das ist doch selbstverständlich. |

An der Kasse

Mark:	Ich möchte bitte zwei Karten für heute abend.
Dame:	Zu acht oder zu neun Mark?
Mark:	Zu acht Mark bitte.
Dame:	Wollen Sie lieber vorne oder hinten sitzen?
Mark:	Lieber hinten.
Dame:	In der Reihe zwanzig sind noch Plätze frei. Hier sind Ihre Karten. Sechzehn Mark, bitte.
Mark:	Hier bitte.

Nach dem Kino

Christa:	Der Film hat mir nicht gut gefallen. Ich bin enttäuscht.
Mark:	Aber mir hat der Film gut gefallen. Ich fand ihn sehr spannend. Ich möchte so wie Superman fliegen können.
Christa:	Der Film war mir zu gigantisch und monumental. Ich finde solche Filme langweilig. Wollen wir noch ins Café gehen? Ich lade dich zu einer Tasse Kaffe ein.
Mark:	Es ist schon nach halb zehn. Ich glaube, ich gehe lieber nach Hause.
Christa:	Schade! Superman muß um zehn Uhr im Bett liegen!
Mark:	Ja, dein Superman muß morgen um halb sechs aufstehen. Komm, ich bringe dich noch zum Bus.

B Pick out the German for the following:

1 You are late
2 almost seven o'clock
3 I have missed the bus
4 What do you want to do?
5 you know that...
6 I would rather go to the pictures
7 I have heard a lot about the film
8 Do you know when it starts?
9 It is bound to be in the newspaper
10 have a look!
11 at a quarter past seven
12 What time is it now?
13 not enough money
14 Could you lend me some money?
15 for tonight
16 I am disappointed
17 very exciting
18 I find such films boring
19 I would rather go home
20 I'll take you to the bus

C Patterns

Warum kommst du so spät?

Ich habe	den Bus den Zug die Straßenbahn die U-Bahn	verpaßt

Ich mußte	zwanzig Minuten eine halbe Stunde eine Viertelstunde eine Dreiviertelstunde	auf	den nächsten Bus den nächsten Zug die nächste Straßenbahn die nächste U-Bahn	warten

Was wollen wir machen?

Wollen wir	zum Fußball zum Hafen ins Kino ins Theater	gehen?

Ich lade dich	ins Kino ins Café zum Abendessen zu einer Tasse Kaffee	ein

Könntest du mir wohl	etwas Geld dein Rad deinen Regenschirm deinen Tennisschläger deine Taschenlampe deine Luftmatratze	leihen?

Ich gebe	es es ihn ihn sie sie	am Montag am Dienstag am Mittwoch am Donnerstag morgen übermorgen	zurück

Wie hat dir der Film gefallen?

Der Film hat mir	gut nicht so gut gar nicht	gefallen

Ich fand den Film	interessant spannend langweilig

Ich bringe dich	zum Bus zum Bahnhof zum Flughafen zur Straßenbahn nach Hause

D Compose a conversation about a visit to the cinema. Peter has missed his train and arrives late. He wants to go to the harbour but then goes with Karin to see an English film.

15   At the Lost Property Office

Im Fundbüro

A Dialogue

In einem kleinen Dorf in Österreich

Brigitte:	Guten Abend.
Angestellter:	Guten Abend.
Brigitte:	Ich habe meinen Rucksack verloren.
Angestellter:	So, und wann haben Sie ihn denn verloren?
Brigitte:	Heute nachmittag. Ich habe ihn bestimmt irgendwo liegengelassen, aber ich weiß nicht wo.
Angestellter:	Wo waren Sie denn heute nachmittag?
Brigitte:	Heute mittag bin ich mit dem Skilift nach oben auf den Berg gefahren. Da hatte ich den Rucksack noch, denn ich habe eine Liftkarte gekauft.
Angestellter:	Und was haben Sie dann gemacht?
Brigitte:	Ich habe meinen Freund getroffen, und wir sind oben ins Gasthaus gegangen. Dann sind wir Ski gelaufen.
Angestellter:	Hatten Sie Ihren Rucksack noch, als Sie aus dem Gasthaus kamen?

Brigitte:	Das weiß ich eben nicht.
Angestellter:	Hm, das ist schwierig. Sie können ihn also im Lift, im Gasthaus oder beim Skilaufen verloren haben. Wie sieht denn Ihr Rucksack aus?
Brigitte:	Er ist klein und blau und ist aus Nylon. Er hat eine große Außentasche mit einem Reißverschluß.
Angestellter:	Was ist darin?
Brigitte:	Mein Portemonnaie mit ungefähr dreißig Mark und mein Reisepaß.
Angestellter:	Ja, hören Sie 'mal! Zum Skilaufen brauchen Sie doch nicht Ihren Reisepaß. Haben Sie sonst noch etwas darin?
Brigitte:	Ja, eine Thermosflasche, zwei Brötchen, ein großes Stück Käse und Schokolade.
Angestellter:	Wie ist Ihr Name?
Brigitte:	Brigitte Neumann, und ich wohne im Hotel 'Sonnenhof'.
Angestellter:	Kommen Sie morgen vormittag wieder, Fräulein Neumann. Vielleicht findet jemand Ihren Rucksack.

Ein kleiner Junge kommt mit einem Rucksack

Peter:	Ich habe oben auf dem Berg diesen Rucksack gefunden.
Brigitte:	Oh danke, das ist mein Rucksack.
Angestellter:	Das kann jeder sagen. Darf ich den Rucksack bitte sehen? Nun, was ist in Ihrem Rucksack, Fräulein Neumann?
Brigitte:	Ein Portemonnaie mit ungefähr dreißig Mark.
Angestellter:	Hier ist ein Zehnmarkschein und ein Zwanzigmarkschein, und dann ist da noch etwas Kleingeld. . .zwei Mark und vierzig Pfennig. Hier ist auch Ihr Paß. (*Der Angestellte lacht, dann wird er wieder ernst*). Aber das kann nicht Ihr Rucksack sein.
Brigitte:	Warum denn nicht?
Angestellter:	In Ihrem Rucksack sind doch zwei Brötchen und ein großes Stück Käse. In diesem Rucksack ist nur ein halbes Brötchen und ein ganz kleines Stück Käse. In Ihrem Rucksack ist eine große Tafel Schokolade, aber hier ist nur leeres Papier.
Peter:	Hm. . .ja. . .entschuldigen Sie, bitte. Ich dachte, die Schokolade wird schlecht, und da habe ich sie aufgegessen.
Angestellter:	Na, dann ist es wohl doch Ihr Rucksack, Fräulein Neumann. Und du, mein Junge, du hast dir deine Belohnung ja schon genommen.

B Pick out the German for the following:

1 I lost my rucksack   2 this afternoon

3 but I don't know where
4 where were you. . .?
5 I bought a lift ticket
6 What did you do then?
7 I met my friend
8 Then we went skiing
9 that I don't know
10 That is difficult
11 with a zip

12 What is in it?
13 my purse
14 a big chunk of cheese
15 tomorrow morning
16 at the top of the mountain
17 Anyone can say that
18 some small change
19 a big bar of chocolate
20 your reward

C Patterns

Wo haben Sie	Ihren Rucksack	verloren?
	Ihren Regenschirm	
	Ihre Aktentasche	
	Ihre Brille	
	Ihr Buch	
	Ihr Portemonnaie	

Ich habe	ihn	im Zug	verloren
	ihn	im Bus	
	sie	im Café	
	sie	im Gasthaus	
	es	in der U-Bahn	
	es	auf der Straße	

Wie sieht	Ihr Rucksack	aus?
	Ihr Portemonnaie	
	Ihre Jacke	

Er ist	klein und blau
	groß und braun
Es ist	aus Leder
	aus Plastik
Sie hat	zwei Taschen
	vier Knöpfe
	einen Reißverschluß

Was ist darin?

In	meinem Rucksack	ist	eine Thermosflasche
	meinem Mantel		mein Autoschlüssel
	meiner Handtasche		meine Brille

In	meinem Koffer	sind	meine Schuhe
	meinem Portemonnaie		zwanzig Mark

Wann soll ich wiederkommen?

Kommen Sie	heute abend	wieder
	morgen vormittag	
	morgen mittag	
	morgen nachmittag	
	morgen abend	

D Compose a conversation at the Lost Property Office. Frau Burckhard has lost her handbag with her purse, car keys, glasses and two bars of chocolate. The assistant asks for her name and address and suggests she come back tomorrow. A girl returns the handbag and only the chocolate is missing.

47

16 At the Post Office

Auf der Post

A Dialogues

Ingrid:	Entschuldigen Sie, ich möchte Briefmarken haben.
Beamter A:	Dann müssen Sie zum Schalter drei gehen.
Ingrid:	Da stehen aber so viele Leute. Können Sie mir nicht ein paar Briefmarken geben?
Beamter A:	Nein, das kann ich nicht. Aber bei mir können Sie ein Telegramm aufgeben. Schicken Sie keinen Brief, schicken Sie doch ein Telegramm. Das geht schneller, und Sie brauchen nicht so viel zu schreiben.
Ingrid:	Ach nein, dann gehe ich doch lieber zum Schalter drei.

Am Schalter drei

Ingrid:	Was kostet ein Brief nach England?
Beamter B:	80 Pfennig.
Ingrid:	Und eine Postkarte nach England?
Beamter B:	60 Pfennig.
Ingrid:	Geben Sie mir bitte drei Briefmarken zu 80 Pfennig und fünf Briefmarken zu 60 Pfennig.
Beamter B:	Das macht DM 2,40 und DM 3,00 also zusammen DM 5,40 bitte.
Ingrid:	Dann möchte ich noch ein Päckchen aufgeben.
Beamter B:	Damit müssen Sie zum Schalter eins gehen.

Am Schalter eins

Ingrid:	Ich möchte dieses Päckchen nach England schicken.
Beamter C:	Nach England? Da sind Sie hier falsch. Sie müssen zum Schalter drei gehen.
Ingrid:	Aber da war ich eben, und der Beamte hat mich zu Ihnen geschickt.
Beamter C:	Bei mir können Sie Inlandpäckchen aufgeben, aber mein Kollege am Schalter drei nimmt Auslandspäckchen an.
Ingrid:	Aha, jetzt verstehe ich Sie. Ich muß also wieder zum Schalter drei zurück.
Beamter C:	Ja, richtig.

Am Schalter drei

Beamter B:	Da sind Sie ja wieder.
Ingrid:	Ich möchte dieses Päckchen nach England schicken.
Beamter B:	Ja, warum haben Sie das nicht gleich gesagt? Was ist denn darin?
Ingrid:	Das ist doch wohl meine Sache.
Beamter B:	Beruhigen Sie sich, Fräulein. Ich will es doch nicht wissen, sondern der Zoll. Sie müssen diesen grünen Zettel ausfüllen.
Ingrid:	Entschuldigen Sie. Eine Ledertasche und zwei Tafeln Schokolade.
Beamter B:	1210 Gramm! Ihr Päckchen ist zu schwer. Ein Päckchen darf nur 1000 Gramm wiegen. Wenn Sie es als Paket schicken, wird es sehr teuer.
Ingrid:	Was soll ich denn machen?
Beamter B:	Schicken Sie nur die Ledertasche, und essen Sie die Schokolade selbst.

B Pick out the German for the following:

1 I would like some stamps
2 many people
3 Don't send a letter
4 How much is a letter?
5 give me please. . .
6 three 80 pfennig stamps
7 You are wrong here
8 but I've already been there
9 my colleague at desk three
10 Now I understand you
11 There you are again!
12 Why didn't you say so at once?
13 That is my business!
14 Calm down!
15 I don't want to know
16 a leather bag
17 too heavy
18 very expensive

C Patterns

Ich möchte	einen Brief ein Telegramm ein Päckchen ein Paket	schicken aufgeben	Dann müssen Sie zum Schalter	eins zwei drei	gehen

Was kostet	ein Brief nach England? eine Postkarte nach Frankreich? ein Telegramm in die Schweiz? ein Päckchen nach Hamburg?

Ich möchte	drei zwei	Briefmarken zu	sechzig achtzig

Was soll ich machen?

Schicken Sie	den Brief	per Luftpost per Einschreiben

Schicken Sie	es	als Päckchen als Paket als Brief

D Herr Franzl goes into the Post Office to buy stamps for one letter each to Hamburg, France and Switzerland, and a post-card to Scotland. Compose a conversation between him and the lady behind the counter.

Petra wants to send a small packet to her pen friend in Leeds. She first goes to the wrong counter, then finds that her packet is too heavy.

17 At the Border

An der Grenze

A Dialogue

Beamter:	Darf ich bitte Ihren Paß sehen?
Gerhard:	Bitte.
Beamter:	Wie heißen Sie?
Gerhard:	Das steht doch in meinem Paß: Gerhard Mehnert.
Beamter:	Auf dem Foto sehen Sie aber anders aus.
Gerhard:	Ja, das Foto ist zwei Jahre alt. Damals ging ich noch zur Schule und hatte kurzes Haar und noch keinen Bart.
Beamter:	Nehmen Sie doch bitte Ihren Sturzhelm ab!
Gerhard:	Sehen Sie, ich habe blaue Augen und blondes Haar, wie es im Paß steht.
Beamter:	Hm. . .Warten Sie bitte einen Augenblick.

(Ein zweiter Zollbeamter geht mit dem Paß ins Zollgebäude)

Beamter:	Was sind Sie von Beruf?
Gerhard:	Ich bin Student.
Beamter:	Und wie lange wollen Sie in der Schweiz bleiben?
Gerhard:	Zwei bis drei Wochen.
Beamter:	Wo wollen Sie wohnen?
Gerhard:	Im Zelt. Hier hinten auf dem Motorrad ist meine Campingausrüstung.
Beamter:	Woher kommen Sie denn jetzt?

51

Gerhard:	Aus Frankreich, aus Marseille.
Beamter:	Aus Marseille! So, so, eine interessante Stadt, nicht wahr? Haben Sie viel Kontakt mit Arabern gehabt?
Gerhard:	Ja, mit Arabern und Franzosen.
Beamter:	Haben Sie etwas zu verzollen?
Gerhard:	Nein, ich habe nur ein paar Flaschen Rotwein in Frankreich gekauft.
Heamter:	Was ist in diesem Sack?
Gerhard:	Das habe ich Ihnen doch schon gesagt, mein Zelt.
Beamter:	Machen Sie bitte den Sack auf! Nehmen Sie das Zelt heraus! Was ist denn in dieser Schachtel?
Gerhard:	Zigaretten.
Beamter:	Zigaretten? Das sind keine Zigaretten, das ist Marihuana.
Gerhard:	Das sind Zigaretten, ganz normale Zigaretten.
Beamter:	So, und warum verstecken Sie die Zigaretten im Zelt?
Gerhard:	Ich rauche sehr wenig. Ich rauche nur, um die Moskitos aus dem Zelt zu vertreiben.
Beamter:	So, und das soll ich Ihnen glauben? Sie waren in Marseille, Sie hatten Kontakt mit Arabern, und Sie schmuggeln Marihuana. Das stimmt doch?
Gerhard:	Nein, das stimmt nicht. Ich schmuggle nicht, und ich rauche auch nicht Marihuana. Das sind ganz normale Zigaretten. Hier, zünden Sie sich doch eine an!
Beamter:	Also gut. Hm, Sie haben recht. Das hier ist eine gute französische Zigarette.

(Der zweite Zollbeamte kommt mit dem Paß zurück)

Zweiter Beamter:	Der Paß ist in Ordnung. Wir suchen einen Bernhard Meinert, und der ist klein und hat schwarzes Haar.
Beamter:	Sie können weiterfahren, Herr Mehnert. Vielen Dank für die Zigarette, und schöne Ferien in der Schweiz.

B Pick out the German for the following:

1 May I see your passport, please!
2 What is your name?
3 short hair
4 no beard
5 crash-helmet
6 What is your occupation?
7 Where will you stay?
8 on my motorbike
9 my camping equipment
10 Have you anything to declare?
11 a few bottles of red wine
12 What is in this bag?
13 I have already told you
14 Open your bag please!
15 why do you hide. . .
16 I smoke very little
17 That is not right
18 and I don't smoke
19 we are looking for. . .
20 Have a good holiday

C Patterns

Darf ich bitte	Ihren Paß Ihren Koffer Ihre Tasche	sehen?

Nehmen Sie bitte	Ihren Sturzhelm Ihren Hut Ihre Sonnenbrille Ihre Mütze	ab!

Machen Sie bitte	den Sack den Koffer die Tasche die Schachtel	auf!

Wie sieht er aus?

Er hat	blaue braune	Augen

Er hat	kurzes langes	blondes dunkles	Haar

Er hat einen	schwarzen roten	Bart Schnurrbart

Was sind Sie von Beruf?

Ich bin	Student Architekt Taxifahrer Polizist

Haben Sie etwas zu verzollen?

Ich habe	200 Zigaretten eine Flasche Whisky 250 Gramm Kaffee

D Compose two conversations at the border:
a) Fräulein Huber has fifty bottles of wine in her car.
b) Harold Memel is suspected of being a drug pedlar.

18 At a Garage

An der Tankstelle

A Dialogues

Herr Macke:	Guten Tag. Ich möchte bitte dreißig Liter Benzin.
Tankwart:	Super oder Normal?
Herr Macke:	Super bitte.
Tankwart:	Das macht DM 35, 40.
Herr Macke:	Könnten Sie bitte das Öl prüfen?
Tankwart:	Ja, natürlich. Sie haben noch genug Öl. Sind Sie auf Urlaub? Woher kommen Sie?
Herr Macke:	Wir kommen aus Köln.
Tankwart:	Und wie weit wollen Sie?
Herr Macke:	Wir wollen in den Schwarzwald. Wie fahren wir da am besten?
Tankwart:	Sie können bei Weinheim auf die Autobahn fahren.
Herr Macke:	Ach nein, wir fahren nicht gern Autobahn.
Tankwart:	Dann fahren Sie doch die Bundesstraße drei entlang. Das ist eine sehr hübsche Straße.
Herr Macke:	Und wie komme ich zur Bundesstraße drei?
Tankwart:	Fahren Sie durch das Dorf durch und an der nächsten Kreuzung links.
Herr Macke:	Danke.
Tankwart:	Ich wünsche Ihnen eine gute Fahrt und schönen Urlaub.

Fraülein Henkel kommt zu Fuß an

Fräulein Henkel:	Könnten Sie mir bitte helfen? Mein Auto ist kaputt.
Tankwart:	Wo steht denn Ihr Auto?
Fräulein Henkel:	Auf der Oststraße, ungefähr 500 Meter von hier.
Tankwart:	Und was ist los?
Fräulein Henkel:	Das weiß ich nicht. Ich mußte an der Kreuzung halten, und jetzt läuft der Motor nicht mehr.
Tankwart:	Haben Sie denn genug Benzin?
Fräulein Henkel:	Ja, ich habe gestern erst getankt.
Tankwart:	Ist Ihre Batterie vielleicht leer?
Fräulein Henkel:	Nein, die Batterie ist in Ordnung.
Tankwart:	Unser Mechaniker hat jetzt Mittagspause. Er kann erst um zwei Uhr Ihr Auto reparieren.
Fräulein Henkel:	Um zwei Uhr? Das ist zu spät. Ich muß um halb zwei schon wieder im Krankenhaus sein. Was mache ich da nur?
Tankwart:	Dann müssen Sie wohl mit dem Bus fahren.

(Der Mechaniker kommt)

Mechaniker:	Sie sind Schwester Hildegard, nicht wahr?
Fräulein Henkel:	Kennen wir uns? ja, . . .Sie waren bei mir im Krankenhaus. Sie hatten sich den Arm gebrochen.
Mechaniker:	Richtig, und Sie waren sehr nett zur mir. Sie brauchen nicht zu warten. Ich repariere Ihr Auto sofort. Kommen Sie!

B Pick out the German for the following:

1 Could you check the oil please?
2 Are you on holiday?
3 Where do you come from?
4 How far do you want to go?
5 What is the best way?
6 Drive through the village
7 Have a good journey
8 My car has broken down
9 Where is your car?
10 What is wrong?
11 at the cross-roads
12 the engine
13 The battery is all right
14 our mechanic
15 lunch break
16 What shall I do?
17 Do we know each other?
18 You had broken your arm
19 You don't have to wait
20 I'm repairing your car at once

C Patterns

Könnten Sie bitte	das Öl	prüfen
	den Luftdruck	

Könnten Sie bitte	volltanken

Woher kommen Sie?

Ich komme Wir kommen	aus	Köln Stuttgart Norddeutschland Südengland Nordwales Westschottland

Wie weit wollen Sie?

Ich will Wir wollen	nach München nach Italien in den Schwarzwald in die Berge ans Meer

Wie komme ich	zur Autobahn? zur Bundesstraße? nach Weinheim? in den Wald?

Fahren Sie	hier links an der Kreuzung rechts an der Ampel links durch das Dorf durch

Wo steht Ihr Auto?

Mein Unser	Auto steht	auf der Oststraße auf dem Parkplatz im Parkhaus an der Ecke am Bahnhof

Was ist los?

Der Motor Die Batterie Die Handbremse Das Blinklicht	ist	nicht in Ordnung

Die Lampen Die Scheibenwischer	sind	nicht in Ordnung

D Compose the following conversations:
   a) Fräulein Klein from South Germany arrives at a petrol station.
   She wants twenty litres of petrol and asks the way to the seaside.
   b) Karl-Heinz has run out of petrol and left the car at the corner. The
   indicator is also broken and he wants it repaired this afternoon.

19 Staying with a German Family

Bei einer deutschen Familie

A Dialogue

Auf dem Bahnhof

Frau Niemeyer:	Dort drüben hängt ein Fahrplan. Der Zug aus Ostende kommt um 17.32 Uhr auf Gleis drei an.
Dieter:	Wir müssen uns beeilen, Mutti. Es ist schon fast halb sechs.
Frau Niemeyer:	Hier ist Gleis drei. Da steht ja auch schon der Zug aus Ostende. Es steigen viele Leute aus.
Dieter:	Siehst du den Jungen mit dem blauen Anorak? Ich glaube, das ist Graham. Er kommt auf uns zu.
Graham:	Ich heiße Graham Morrison.
Dieter:	Guten Tag, Graham. Ich bin Dieter, und das ist meine Mutter.
Frau Niemeyer:	Herzlich willkommen, Graham! Wie schön, daß du uns besuchst. Hast du eine gute Reise gehabt?
Graham:	Ja, danke.
Dieter:	War die Fahrt über den Kanal stürmisch? Warst du seekrank?
Graham:	Nein, ich war nicht seekrank.
Frau Niemeyer:	Aber du bist bestimmt müde nach der langen Reise. Wir wollen nach Hause fahren. Unser Auto steht auf dem Parkplatz am Bahnhof.

Dieter:	Gib mir deinen Koffer, Graham. Ich trage ihn zum Auto.

Zu Hause

Frau Niemeyer:	Hier sind wir! Dies ist unser Haus. Geht schon hinein, Kinder, ich komme gleich nach.
Dieter:	Ich zeige dir unsere Wohnung, Graham. Hier rechts ist das Wohnzimmer, und daneben ist das Eßzimmer.
Graham:	Wo ist das Badezimmer?
Dieter:	Das Badezimmer ist hier die zweite Tür links. Unser Zimmer ist oben. Wollen wir jetzt hochgehen?
Graham:	Ja, ich nehme gleich meinen Koffer mit.
Dieter:	Warte, ich mache dir die Tür auf. So, hier schlafen wir.
Graham:	Dein Zimmer gefällt mir sehr gut. Du hast sehr viele Schiffe und Segelboote.
Dieter:	Das ist mein Hobby. Ich interessiere mich sehr für Schiffe und ich bastele gern.
Graham:	Wo schlafen wir?
Dieter:	Du kannst in meinem Bett schlafen, und ich schlafe hier auf der Couch. Willst du zuerst deinen Koffer auspacken?
Graham:	Du hast recht. Kann ich meine Sachen in deinen Kleiderschrank hängen?
Dieter:	Natürlich, dort ist genug Platz. Ich lege inzwischen eine Schallplatte auf. Mit Musik geht alles besser.
Graham:	Du hast einen Plattenspieler in deinem Zimmer? Das ist prima! Weißt du, was ich dir mitgebracht habe?
Dieter:	Etwa eine Schallplatte?
Graham:	Richtig. Hier ist sie. Willst du sie gleich spielen?
Dieter:	Aber natürlich. Toll! Das ist ja eine Platte von meinem Lieblingsstar. . .

B Pick out the German for the following:

1 a timetable
2 We must hurry
3 half past five
4 many people
5 He is coming towards us
6 Have you had a good journey?
7 the Channel crossing
8 I was not seasick
9 We want to go home
10 Give me your case

11 Here we are!
12 next to it is. . .
13 Where is the bathroom?
14 the second door on your left
15 Our room is upstairs
16 I'll open the door for you
17 I like your room very much
18 I am very interested in ships
19 You can sleep in my bed
20 a record

C Patterns

Siehst du	den Jungen den Mann den Mädchen die Frau	mit	dem blauen Anorak? dem braunen Mantel? der grünen Hose? der roten Jacke?		Ich sehe	ihn ihn es sie

Gib mir	deinen Koffer deinen Rucksack dein Gepäck deine Tasche	Ich trage	ihn ihn es sie	zum	Auto Bus Zug Taxi

Wo ist das Wohnzimmer?

Das Wohnzimmer Das Eßzimmer Das Badezimmer Das Schlafzimmer Dein Zimmer Die Küche	ist hier	unten rechts die zweite Tür links die erste Tür rechts oben neben dem Eßzimmer

Gefällt es dir?

Dein Zimmer Dein Plattenspieler Euer Haus Euer Garten	gefällt	mir gut

Deine Schallplatten Eure Blumen	gefallen	mir gut

Wofür interessierst du dich?

Ich interessiere mich für	englische Popmusik Kriminalfilme spannende Bücher schnelle Autos

Kann ich	meinen Mantel meine Kleider	in den Schrank	hängen?

Kann ich	meinen Pullover meine Socken	in den Schrank	legen?

Kann ich	meinen Koffer meine Schuhe	in den Schrank	stellen?

Was hast du uns mitgebracht?

Ich habe	dir deinem Vater deinem Bruder deiner Mutter deiner Schwester	eine Schallplatte eine Flasche Whisky einen Kugelschreiber einen Schal ein Buch	mitgebracht

D Compose a conversation about Gudrun Schröder meeting her pen-friend Christine at the station. They go home and Gudrun shows Christine the house and her room.

20 Jochen is ill

Jochen ist krank

A Dialogue

Frau Faust ruft den Arzt an

Arzthelferin:	Guten Morgen. Praxis Doktor Kirst.
Frau Faust:	Guten Morgen. Hier spricht Frau Faust. Mein Sohn Jochen ist krank. Er hat Fieber, und seit gestern hustet er viel. Die ganze Nacht konnte er nicht schlafen.
Arzthelferin:	Wie alt ist Ihr Sohn?
Frau Faust:	Jochen ist fünfzehn Jahre alt.
Arzthelferin:	Wo wohnen Sie, Frau Faust?
Frau Faust:	Josefinenstraße 23.
Arzthelferin:	Doktor Kirst kann heute vormittag zu Ihnen kommen, so gegen elf Uhr. Ist Ihnen das recht?
Frau Faust:	Ja, natürlich. Vielen Dank.
Arzthelferin:	Auf Wiederhören.

Der Arzt untersucht Jochen

Arzt:	Na, Jochen, wie geht es dir?
Jochen:	Gar nicht gut. Ich habe furchtbare Kopfschmerzen, und mein Hals tut mir auch weh.
Arzt:	Ja, du hast Grippe. Ich verschreibe dir Tabletten. Hier ist das Rezept, Frau Faust.

Frau Faust:	Wie oft muß Jochen die Tabletten nehmen?
Arzt:	Geben Sie ihm drei Tabletten täglich, am besten nach dem Essen.
Frau Faust:	Wie lange muß Jochen im Bett bleiben?
Arzt:	Ein oder zwei Tage, bis er kein Fieber mehr hat. Geben Sie ihm viel zu trinken, Milch oder Orangensaft. Wenn es ihm am Donnerstag noch nicht besser geht, dann rufen Sie mich wieder an.
Jochen:	Wann kann ich wieder in die Schule gehen?
Arzt:	Nun, eine Woche mußt du schon zu Hause bleiben. Aber vielleicht kannst du am nächsten Montag wieder in die Schule. Auf Wiedersehen, Jochen, und gute Besserung.
Jochen:	Vielen Dank, Herr Doktor.

In der Apotheke

Frau Faust:	Ich habe ein Rezept hier.
Apotheker:	Ist es für Sie?
Frau Faust:	Nein, es ist für meinen Sohn. Er hat Grippe.
Apotheker:	Viele Leute sind jetzt krank. Es scheint eine Grippe-Epidemie zu sein. Meine Frau sagt, daß sehr viele Kinder bei ihr in der Schule krank sind.
Frau Faust:	Ja richtig, Ihre Frau ist ja Jochens Mathematiklehrerin. Sagen Sie ihr doch bitte, daß Jochen Faust eine Woche zu Hause bleiben muß.
Apotheker:	Das werde ich tun. Hier sind die Tabletten. Und wenn Sie für Ihren Sohn auch Mathematikaufgaben haben wollen, dann rufen Sie doch meine Frau an.
Frau Faust:	Was für eine gute Idee! Vielen Dank, Herr Wagner.

B Pick out the German for the following:

1 Mrs. Faust speaking
2 He has a temperature
3 He couldn't sleep all night
4 How old is your son?
5 Where do you live?
6 at about eleven o'clock
7 I have a terrible headache
8 My throat is also sore
9 You have flu
10 after meals
11 Give him plenty to drink
12 Phone me again
13 When can I go back to school?
14 Get better soon!
15 a prescription
16 Is it for you?
17 It seems to be a flu epidemic
18 tell her please...
19 I'll do that
20 What a good idea!

C Patterns

Wen ruft sie an?

Sie ruft	den Arzt den Zahnarzt den Augenarzt die Ärztin die Krankenschwester	an

Hast du Haben Sie	Schmerzen?

Ich habe	Kopfschmerzen Zahnschmerzen Ohrenschmerzen Halsschmerzen Bauchschmerzen

Was tut	dir Ihnen	weh?

Der Kopf Der Zahn Die Hand	tut	mir weh

Die Ohren Die Füße	tun	mir weh

Ich verschreibe	dir Ihnen	Tabletten Hustensaft Tropfen Salbe

Wie oft muß ich die Tabletten nehmen?

Nimm Nehmen Sie	zwei Tabletten	täglich nach dem Essen nach dem Frühstück vor dem Mittagessen

Wie lange muß ich im Bett bleiben?

Du mußt Sie müssen	einen Tag zwei Tage eine Woche bis Montag	im Bett bleiben

Wann kann ich wieder arbeiten?

Du kannst Sie können	am Montag wieder	in die Schule ins Büro ins Geschäft in die Fabrik zur Arbeit	gehen

Für wen ist	das Rezept? der Hustensaft? die Salbe?	Es Er Sie	ist für	mich meinen Sohn meine Tochter

Für wen sind	die Tropfen? die Tabletten?	Sie Sie	sind für	meinen Vater meine Mutter

D Compose a conversation about the following: Marianne is ill, she has a headache and her ears are very sore. Her husband phones the doctor who comes in the evening and prescribes ear-drops and tablets. Marianne is a secretary and works in the same office as the chemist's wife.

© Gisela Cumming and P. G. Martin 1980

First published 1980 by
Edward Arnold (Publishers) Ltd
41 Bedford Square, London WC1B 3DQ

British Library Cataloguing in Publication Data

Cumming, Gisela
    Wir sind in Deutschland.'
    1. German language — Conversation and phrase
    books
    I. Title   II. Martin, P G
    438'.3'421   PF3121

    ISBN 0-7131-0408-2

All Rights Reserved. No part of this publication may be reproduced, stored in a retrieval system, or transmitted in any form or by any means, electronic, mechanical, photo-copying, recording or otherwise, without prior permission of Edward Arnold (Publishers) Ltd.

Printed in Great Britain at The Camelot Press Ltd, Southampton